DE LA PART

DES

PEUPLES SÉMITIQUES

DANS

L'HISTOIRE DE LA CIVILISATION

ŒUVRES
D'ERNEST RENAN

Format in-8°

AVERROÈS ET L'AVERROÏSME, essai historique. — 2ᵉ édition, revue et corrigée. . . . . Un volume.

LE CANTIQUE DES CANTIQUES, traduit de l'hébreu, avec une étude sur le plan, l'âge et le caractère du poëme. — 2ᵉ édition. . . . . . . Un volume.

DE L'ORIGINE DU LANGAGE. — 3ᵉ édition. . . . . Un volume.

ESSAIS DE MORALE ET DE CRITIQUE. — M. de Sacy et l'Ecole libérale. — M. Cousin. — M. Augustin Thierry. — M. de Lamennais. — Dom Luigi Tosti ou le parti guelfe dans l'Italie contemporaine. — Les Révolutions d'Italie. — L'histoire secrète de Procope. — Les séances de Hariri. — La Farce de Patelin. — Souvenirs d'un vieux professeur allemand. — L'Académie française. — La Poésie de l'exposition. — La Poésie des races Celtiques. — 2ᵉ édition. — Un vol.

ÉTUDES D'HISTOIRE RELIGIEUSE. — Les religions de l'antiquité. — L'Histoire du peuple d'Israël. — Les Historiens critiques de Jésus. — Mahomet et les origines de l'islamisme. — La Vie des Saints. — L'Auteur de l'*Imitation de Jésus-Christ*. — Jean Calvin. — Chaning et le Mouvement unitaire aux États-Unis. — M. Feuerbach et la nouvelle École hégélienne. — La Tentation du Christ. — 5ᵉ édition. . . . . Un volume.

HISTOIRE GÉNÉRALE DES LANGUES SÉMITIQUES. — 2ᵉ édition, imprimerie impériale. . . . . Un volume.

LE LIVRE DE JOB, traduit de l'hébreu, avec une étude sur l'âge et le caractère du poëme. — 2ᵉ édition. . . . . Un volume.

DE LA PART
DES
PEUPLES SÉMITIQUES
DANS
L'HISTOIRE DE LA CIVILISATION

DISCOURS D'OUVERTURE
DU COURS DE LANGUES HÉBRAÏQUE, CHALDAÏQUE ET SYRIAQUE,
AU COLLÉGE DE FRANCE

PAR

M. ERNEST RENAN
MEMBRE DE L'INSTITUT

QUATRIÈME ÉDITION

PARIS
MICHEL LÉVY FRÈRES, LIBRAIRES-ÉDITEURS,
RUE VIVIENNE, 2 BIS, ET BOULEVARD DES ITALIENS,
A LA LIBRAIRIE NOUVELLE

—

1862

Tous droits réservés

En reproduisant ce discours, c'est un devoir pour moi d'exprimer ma reconnaissance aux auditeurs bienveillants et éclairés qui m'ont aidé à le prononcer. Avec beaucoup de tact, ils ont compris que c'était ici une question de liberté. Interrompre un ouvrage d'esprit auquel on n'est pas forcé d'assister, me paraît toujours une action illibérale ; c'est s'imposer violemment à l'opinion d'autrui, c'est confondre deux choses profondément distinctes, le droit très-réel de distribuer le blâme selon son goût ou sa conscience, et le droit prétendu d'étouffer de sa propre autorité les idées que l'on croit blâmables. Qui ne voit que cette dernière prétention est la source de toutes les violences et de toutes les oppressions ? Dans l'enseignement du Collége de France, entouré de tant de garanties, cette suppression de la parole me semble particulièrement déplacée. La nomination des professeurs de cet établissement se fait sur la présentation de MM. les professeurs du Collége réunis en assemblée et de la classe compétente de l'Institut. Cette double présentation n'est point un brevet indiscutable. Mais elle suffit au moins pour que celui qui en est honoré ne puisse être accusé de téméraire intrusion, quand il monte dans une chaire à laquelle le désignent des suffrages si autorisés.

Je ne voudrais pas que la forme de cette première leçon trompât le public sur la nature de mon enseignement. Depuis Vatable et Mercier jusqu'à M. Quatremère, la chaire à laquelle j'ai eu l'honneur d'être présenté et nommé a offert un caractère technique et spécial. Sans enchaîner en aucune façon ma liberté ni celle de mes successeurs, je croirais rendre un mauvais service à la science en sortant habituellement de cette respectable tradition. Que deviendront les études sérieuses si elles n'ont au Collége de France un sanctuaire inviolable? Que deviendra la haute culture de l'esprit humain, si les expositions générales, seules admises en présence d'un public nombreux, étouffaient les enseignements d'une forme plus sévère, dans un établissement surtout qui est destiné à continuer l'école des grands travaux scientifiques? Je serais tout à fait coupable, si on pouvait m'accuser dans l'avenir d'avoir contribué à un tel changement. Le progrès de la science est compromis si nous ne revenons aux longues réflexions, si chacun croit remplir les devoirs de la vie en ayant à l'aveugle sur toutes choses les opinions d'un parti; si la légèreté, les opinions exclusives, les façons tranchantes et péremptoires viennent supprimer les problèmes au lieu de les résoudre. Oh! que les pères de l'esprit moderne comprenaient mieux la sainteté de la pensée! Grandes et vénérables figures des Reuchlin, des Henri Estienne, des Casaubon, des Descartes, levez-vous pour nous apprendre quel prix vous faisiez de la vérité, par quels labeurs vous saviez l'atteindre, ce que vous souffrîtes pour elle. Ce sont des spéculations comprises de vingt personnes au dix-septième siècle qui ont changé de fond en comble les idées des nations civilisées sur l'univers; ce sont les travaux obscurs de quelques pauvres érudits du seizième siècle qui ont fondé la critique historique et préparé une totale révolution dans les idées sur le passé de l'humanité. J'ai fait une trop sensible expérience de l'intelligente pénétration du public, pour ne pas être assuré que tous ceux qui m'ont appuyé hier m'approuveront de suivre cette voie, la plus profitable assurément pour la science et la bonne discipline de l'esprit.

23 février 1862.

DE LA PART

DES

PEUPLES SÉMITIQUES

DANS

L'HISTOIRE DE LA CIVILISATION

Messieurs,

Je suis fier de monter dans cette chaire, la plus ancienne du Collége de France, illustrée au seizième siècle par des hommes éminents et occupée de nos jours par un savant du mérite de M. Quatremère. En créant au Collége de France un asile pour la science libre, le roi François Ier posa comme loi constitutive de ce grand établissement la complète indépendance de la critique, la recherche désintéressée du vrai, la discussion impartiale, ne connaissant d'autres règles que celles du bon goût et de la sincérité. Voilà justement, Messieurs, l'esprit que je voudrais porter dans cet enseignement. Je sais les difficultés inséparables de la chaire que j'ai l'honneur d'occuper. C'est le privilége et le danger des études sémitiques de toucher aux problèmes les plus importants de l'histoire de l'humanité. Le libre esprit ne connaît pas de limites ; mais il s'en faut que l'espèce humaine tout entière soit arrivée à ce degré de contemplation sereine où l'on n'a pas besoin de voir Dieu dans tel ordre particulier de faits, justement parce qu'on le voit en toute chose. La liberté, Messieurs, si elle était bien comprise, ferait vivre côte à côte ces exigences opposées. J'espère que, grâce à vous, ce cours en sera la preuve. Comme je ne porterai dans mon enseignement aucun dogmatisme, comme je me bornerai toujours à faire appel à votre raison, à vous proposer ce que je crois le plus probable, en vous laissant la plus parfaite liberté de jugement, qui pourra se plaindre ? Ceux-là seuls qui croient avoir le monopole de la vérité. Mais il faut que ceux-là renoncent à être les maîtres du monde. Galilée, de nos jours, ne se mettrait plus à genoux pour rétracter ce qu'il saurait être la vérité.

Vous me permettrez, dans l'accomplissement de ma tâche, de descendre jusqu'aux plus menus détails, et d'être habituellement technique et austère. La science, Messieurs, n'atteint son but sacré, qui est la découverte de la vérité, qu'à condition d'être spéciale et rigoureuse. Tout le monde n'est pas destiné à être chimiste, physicien, philologue, à s'enfermer dans des laboratoires, à suivre durant des années une expérience ou un calcul ; tout le monde participe pourtant des grands résultats philosophiques de la chimie, de la physique, de la philologie. Présenter ces résultats dégagés de l'appareil qui a servi à les découvrir, est une chose utile et que la science ne doit pas s'interdire.

Mais telle n'est pas la destination du Collége de France ; tout l'appareil de la science la plus spéciale et la plus minutieuse doit être ici déployé. Des démonstrations laborieuses, de patientes analyses, n'excluant, il est vrai, aucun développement général, aucune digression légitime : tel est le programme de ces cours. C'est le laboratoire même de la science philologique qui est ouvert au public, pour que des vocations spéciales se forment et que les personnes du monde puissent se faire une idée des moyens qu'on emploie pour arriver à la vérité.

Aujourd'hui, Messieurs, je dérogerais à l'usage et je tromperais votre attente, si je débutais par des développements trop techniques. J'aurais voulu rappeler parmi vous le souvenir du confrère illustre que j'ai l'honneur de remplacer : M. Étienne Quatremère. Mais ce devoir ayant été rempli ici même d'une manière qui ne me permet pas d'y revenir, je consacrerai cette première leçon à m'entretenir avec vous du caractère général des peuples dont nous étudierons ensemble la langue et les littératures, du rôle qu'ils ont joué dans l'histoire, de la part qu'ils ont fournie à l'œuvre commune de la civilisation.

Le résultat le plus important auquel les sciences historiques et philologiques sont arrivées depuis un demi-siècle, a été de montrer dans le développement général de l'humanité deux éléments en quelque sorte, qui, se mêlant dans des proportions inégales, ont fait la trame du tissu de l'histoire. Dès le dix-septième siècle et presque dès le moyen âge, on avait reconnu que les Hébreux, les Phéniciens, les Carthaginois, les Syriens, Babylone, au moins depuis une certaine époque, les Arabes, les Abyssins, avaient parlé des langues tout à fait congénères. Eichhorn, au siècle dernier, proposa d'appeler ces langues *sémitiques*, et ce nom, tout inexact qu'il est, peut continuer d'être employé. Dans les premières années de notre siècle, on fit une découverte autrement importante et délicate. Grâce à la connaissance du sanscrit, due aux savants anglais de Calcutta, les philologues de l'Allemagne, en particulier M. Bopp, posèrent des principes sûrs au moyen desquels on démontra que les anciens idiomes de l'Inde brahmanique, les différents dialectes de la Perse, l'arménien, plusieurs dialectes du Caucase, les langues grecque et latine, avec leurs dérivés, les langues slaves, germaniques et celtiques, forment un vaste ensemble, profondément distinct du groupe sémitique, et qu'on appela indo-germanique ou indo-européen.

La ligne de démarcation révélée par l'étude comparée des langues, ne tarda pas à être fortifiée par l'étude des littératures, des institutions, des mœurs, des religions. Quand on sait se placer au point de vue d'une comparaison délicate, on reconnaît dans les littératures antiques de l'Inde, de la Grèce, de la Perse, des peuples germaniques, des genres communs tenant à une profonde similitude d'esprit. La littérature des Hébreux et celle des Arabes ont aussi entre elles beaucoup de rapport ; au contraire, elles en ont aussi peu que possible avec celles que j'énumérais tout à l'heure. On chercherait vainement une épopée ou une tragédie chez les peuples sémitiques ; on chercherait vainement chez les peuples indo-européens l'analogue de la *Kasida* des Arabes et ce genre d'éloquence qui distingue les prophètes juifs et le Coran. — Il en faut dire autant des institutions. Les peuples indo-européens eurent, à l'origine, un vieux droit, dont les lambeaux se retrouvent dans les *Brahmanas* de l'Inde, dans les formules des Latins, dans les coutumes celtiques, slaves et germaniques ; la vie patriarchale des Hébreux et des Arabes fut soumise, sans contredit, à des lois toutes différentes. — Enfin, la comparaison des religions est venue jeter sur cette question des lumières décisives. A côté de la philologie comparée s'est fondée en Allemagne, il y a quelques années, une *mythologie comparée*, laquelle a démontré que tous les peuples indo-européens eurent à l'origine, avec une même langue, une même religion, dont chacun a emporté, en se séparant du berceau commun, les membres épars. Cette religion, c'est le culte des forces et des phénomènes de la nature, aboutissant par le développement philosophique à une sorte de panthéisme. Les développements religieux des peuples sémitiques obéirent à des lois toutes différentes. Le judaïsme, le christianisme, l'islamisme, offrent un caractère de dogmatisme, d'absolu, de monothéisme sévère, qui les distingue profondément des cultes indo-européens, ou, comme nous disons, des cultes païens.

Voici donc deux individualités parfaitement reconnaissables, qui remplissent en quelque sorte à elles deux presque tout le champ de l'histoire, et qui sont comme les deux pôles du mouvement de l'humanité. Je dis presque tout le champ de l'histoire ; car, en dehors de ces deux grandes individualités, il y en a encore deux ou trois qui se dessinent déjà suffisamment pour la science, et dont l'action a été considérable. Laissons de côté la Chine, qui est un monde à part, et les races tartares, qui n'ont agi que comme des fléaux naturels, pour détruire l'œuvre des autres. L'Égypte a eu une part considérable dans l'histoire du monde ; or l'Égypte n'est ni sémitique ni indo-européenne. Babylone n'est pas non plus un fait purement sémitique ; il y eut là, ce semble, un premier type de civilisation, analogue à celui de l'Égypte. On peut dire même en général qu'avant l'entrée des peuples indo-européens et des peuples sémitiques sur la scène de l'histoire, le monde avait déjà des civilisations fort anciennes, auxquelles les nôtres doivent, sinon des éléments moraux, au moins des éléments industriels et une longue expérience de la vie matérielle. Mais tout cela est encore peu dessiné aux yeux de l'histoire ; tout cela pâlit d'ailleurs auprès de faits comme la mission de Moïse, l'invention de l'écriture alphabétique, la conquête de Cyrus, celle d'Alexandre, l'envahissement du monde par le génie grec, le christianisme, l'empire romain, l'islamisme, la conquête germanique, Charlemagne, la Renaissance, la Réforme, la Philosophie, la Révolution française, la conquête du monde par l'Europe moderne. Voilà le grand courant de l'histoire; ce grand courant est formé par le mélange de deux fleuves, auprès desquels tous les autres confluents ne sont que des ruisseaux. Essayons de démêler dans cet ensemble complexe la part de chacune des deux grandes races qui, par leur action combinée et le plus souvent par leur antagonisme, ont amené l'état du monde dont nous sommes les derniers aboutissants.

Une explication est d'abord nécessaire. Quand je parle du mélange des deux races, c'est uniquement du mélange des idées, et, si j'ose le dire, d'une sorte de collaboration historique qu'il s'agit. Les peuples indo-européens et les peuples sémitiques sont encore de nos jours parfaitement distincts. Je ne parle pas des Juifs, auxquels leur singulière et admirable destinée historique a donné dans l'humanité comme une place exceptionnelle, et encore, si l'on excepte la France qui a élevé dans le monde le principe d'une civilisation purement idéale, écartant toute idée de différence de races, les Juifs presque partout forment encore une société à part. L'Arabe du moins, et dans un sens plus général le musulman, sont aujourd'hui plus éloignés de nous qu'ils ne l'ont jamais été. Le musulman (l'esprit sémitique est surtout représenté de nos jours par l'islam) et l'Européen sont en présence l'un de l'autre comme deux êtres d'une espèce différente, n'ayant rien de commun dans la manière de penser et de sentir.

Mais la marche de l'humanité se fait par la lutte des tendances contraires, par une sorte de polarisation en vertu de laquelle chaque idée a ici-bas ses représentants exclusifs. C'est dans l'ensemble que s'harmonisent toutes les contradictions, et que la paix suprême résulte du choc des éléments en apparence ennemis.

Cela posé, si nous recherchons ce que les peuples sémitiques ont donné à ce grand ensemble organique et vivant qu'on appelle la civilisation, nous trouverons que d'abord, en politique, nous ne leur devons rien du tout. La vie politique est peut-être ce que les peuples indo-européens ont de plus indigène et de plus propre. Ces peuples sont les seuls qui aient connu la liberté, qui aient compris à la fois l'état et l'indépendance de l'individu. Certes, ils sont loin d'avoir toujours également bien concilié ces deux nécessités contraires. Mais jamais chez eux on ne trouve ces grands despotismes unitaires, broyant toute individualité, réduisant l'homme à l'état d'une sorte de fonction abstraite et sans nom, comme on le voit dans l'Égypte, à Babylone, en Chine, dans les despotismes musulmans et tartares. Prenez l'une après l'autre les petites républiques municipales de la Grèce et de l'Italie, la féodalité germanique, les grandes organisations centralisées dont Rome a donné le premier modèle et dont la Révolution française a repris l'idéal, vous y trouverez toujours un vigoureux élément moral, une forte idée du bien public, le sacrifice à un but général. L'individualité à Sparte était peu garantie ; les petites démocraties d'Athènes et de l'Italie du moyen âge étaient presque aussi féroces que le plus cruel tyran; l'Empire romain arriva (en partie, du reste, par l'influence de l'Orient), à un despotisme intolérable; la féodalité germanique aboutit à un vrai brigandage; la royauté française, sous Louis XIV, atteignit presque les excès des dynasties sassanides ou mongoles; la Révolution française, en créant avec une vigueur incomparable le principe d'unité dans l'État, a souvent fortement compromis la liberté. Mais de promptes réactions ont toujours sauvé ces peuples des conséquences de leurs fautes. Il n'en est pas de même en Orient. L'Orient, surtout l'Orient sémitique, n'a jamais connu de milieu entre la complète anarchie des Arabes nomades et le despotisme sanguinaire et sans compensation. L'idée de la chose publique, du bien public, fait totalement défaut chez ces peuples. La vraie et complète liberté, telle que les peuples anglo-saxons l'ont réalisée, et les grandes organisations d'État, telles que l'Empire romain et la France les ont créées, leur furent également étrangères. Les anciens Hébreux, les Arabes, ont été ou sont, par moments, les plus libres des hommes, mais à la condition d'avoir le lendemain un chef qui tranche les têtes selon son bon plaisir. Et quand cela arrive, nul ne se plaint d'un droit violé : David arrive à régner par les moyens d'un énergique *condottiere*, ce qui ne l'empêche pas d'être un homme fort religieux, d'être un roi selon le cœur de Dieu ; Salomon parvient et se maintient au trône par les procédés des Sultans de tous les temps, ce qui ne l'empêche pas de passer pour le plus sage des rois. Quand les prophètes battent en brèche la royauté, ce n'est pas au nom d'un droit politique, c'est au nom de la théocratie. Théocratie, anarchie, despotisme, tel est, Messieurs, le résumé de la politique sémitique ; ce n'est pas heureusement la nôtre. La politique *tirée de l'Écriture sainte* (fort mal tirée, il est vrai) par Bossuet, est une détestable politique. En politique, comme en poésie, en religion, en philosophie, le devoir des peuples indo-européens est de rechercher la nuance, la conciliation des choses opposées, la complexité, si profondément inconnues aux peuples sémitiques, dont l'organisation a toujours été d'une désolante et fatale simplicité.

Dans l'art et la poésie, que leur devons-nous ? Rien dans l'art. Ces peuples sont très-peu artistes ; notre art vient tout entier de la Grèce. — En poésie, sans être leurs tributaires, nous avons pourtant avec eux plus d'un lien. Les psaumes sont devenus à quelques égards une de nos sources poétiques. La poésie hébraïque a pris place pour nous à côté de la poésie grecque, non comme nous ayant fourni des genres déterminés de poésie, mais comme constituant un idéal poétique, une sorte d'Olympe où tout se colore, par suite d'un prestige accepté, d'une auréole lumineuse. Milton, Lamartine, Lamennais n'existeraient pas, ou n'existeraient pas tout entiers sans les psaumes. Ici encore, cependant, tout ce qui est nuancé, tout ce qui est délicat, tout ce qui est profond est notre œuvre. La chose essentiellement poétique, c'est la destinée de l'homme ; ce sont ses retours mélancoliques, sa recherche inquiète des origines, sa juste plainte contre le ciel. Nous n'avons eu besoin d'apprendre cela de personne. L'éternelle école à cet égard, c'est l'âme de chacun.

Dans la science et la philosophie, nous sommes exclusivement Grecs. La recherche des causes, savoir pour savoir, est une chose dont il n'y a nulle trace avant la Grèce, une chose que nous avons apprise d'elle seule. Babylone a eu une science, mais elle n'a pas eu le principe scientifique par excellence, la fixité absolue des lois de la nature. L'Égypte a su de la géométrie, mais elle n'a pas créé les *Éléments* d'Euclide. Quant au vieil esprit sémitique, il est de sa nature anti-philosophique et anti-scientifique. Dans *Job*, la recherche des causes est presque présentée comme une impiété. Dans l'*Ecclésiaste*, la science est déclarée une vanité. L'auteur, prématurément dégoûté, se vante d'avoir étudié tout ce qui est sous le soleil et de n'y avoir trouvé que de l'ennui. Aristote, à peu près son contemporain, et qui avec plus de raison eût pu dire qu'il avait épuisé l'univers, ne parle pas une fois de son ennui. La sagesse des nations sémitiques ne sortit jamais de la parabole et des proverbes. On parle souvent d'une science et d'une philosophie arabes, et, en effet, pendant un siècle ou deux, au moyen âge, les Arabes furent bien nos maîtres ; mais c'était en attendant que nous connussions les originaux grecs. Cette science et cette philosophie arabes n'étaient qu'une mesquine traduction de la science et de la philosophie grecques. Dès que la Grèce authentique se lève, ces chétives traductions deviennent sans objet, et ce n'est pas sans raison que tous les philologues de la Renaissance entreprennent contre elles une vraie croisade. A y regarder de près, d'ailleurs, cette science arabe n'avait rien d'arabe. Le fond en est purement grec ; parmi ceux qui la créèrent, il n'y a pas un vrai sémite ; c'étaient des Espagnols, des Persans écrivant en arabe.—Le rôle philosophique des juifs au moyen âge est aussi celui de simples interprètes. La philosophie juive de cette époque, c'est la philosophie arabe sans modification. Une page de Roger Bacon renferme plus de véritable esprit scientifique que toute cette science de seconde main, respectable assurément comme un anneau de la tradition, mais dénuée de grande originalité.

Si nous examinons la question au point de vue des idées morales et sociales, nous trouverons que la morale sémitique est parfois très-haute et très-pure. Le Code attribué à Moïse renferme de hautes idées de droit. Les prophètes sont par moments des tribuns fort éloquents. Les moralistes, Jésus fils de Sirach, Hillel, atteignent une surprenante hauteur. N'oublions pas enfin que la morale de l'Évangile a été d'abord prêchée en une langue sémitique. D'un autre côté, le caractère sémitique est en général dur, étroit, égoïste. Il y a dans cette race de hautes passions, de complets dévouements, des caractères incomparables.

Il y a rarement cette finesse de sentiment moral qui semble être surtout l'apanage des races germaniques et celtiques. Les sentiments tendres, profonds, mélancoliques, ces rêves d'infini où toutes les puissances de l'âme se confondent, cette grande révélation du devoir qui seule donne une base solide à notre foi et à nos espérances, sont l'œuvre de notre race et de notre climat. Ici donc l'œuvre est mêlée. L'éducation morale de l'humanité n'est le mérite exclusif d'aucune race. La raison en est toute simple : la morale ne s'apprend pas plus que la poésie; les beaux aphorismes ne font pas l'honnête homme; chacun trouve le bien dans la hauteur de sa nature et dans l'immédiate révélation de son cœur.

En fait d'industrie, d'inventions, de civilisation matérielle, nous devons, sans contredit, beaucoup aux peuples sémitiques. Notre race, Messieurs, ne débuta point par le goût du confortable et des affaires. Ce fut une race morale, brave, guerrière, jalouse de liberté et d'honneur, aimant la nature, capable de dévouement, préférant beaucoup de choses à la vie. Le négoce, l'industrie ont été exercés pour la première fois sur une grande échelle par des peuples sémitiques, ou du moins parlant une langue sémitique, les Phéniciens. Au moyen âge, les Arabes et les juifs furent aussi nos maîtres en fait de commerce. Tout le luxe européen, depuis l'antiquité jusqu'au dix-septième siècle, est venu de l'Orient. Je dis le luxe et non point l'art; il y a l'infini de l'un à l'autre; la Grèce, qui, sous le rapport du goût, a une immense supériorité sur le reste de l'humanité, n'était pas un pays de luxe ; on y parlait avec dédain de la vaine magnificence des palais du grand roi, et s'il nous était permis de voir la maison de Périclès, il est probable que nous la trouverions à peine habitable. Je n'insiste pas sur ce point, car il y aurait à examiner si ce luxe asiatique, celui de Babylone, par exemple, est bien le fait des Sémites ; j'en doute pour ma part. Mais un don incontestable qu'ils nous ont fait, un don de premier ordre, et qui doit placer les Phéniciens, dans l'histoire du progrès, presqu'à côté des Hébreux et des Arabes, leurs frères, c'est l'écriture. Vous savez que les caractères dont nous nous servons encore aujourd'hui sont, à travers mille transformations, ceux dont les Sémites se servirent d'abord pour exprimer les sons de leur langue. Les alphabets grecs et latins, dont tous nos alphabets européens dérivent, ne sont autre chose que l'alphabet phénicien. Le phonétisme, cette idée lumineuse d'exprimer chaque articulation par un signe et de réduire les articulations à un petit nombre (vingt-deux), est une invention des Sémites. Sans eux, nous nous traînerions peut-être péniblement encore dans l'hiéroglyphisme. On peut dire en un sens que les Phéniciens, dont toute la littérature a si malheureusement disparu, ont posé ainsi la condition essentielle de tout exercice ferme et précis de la pensée.

Mais j'ai hâte d'arriver, Messieurs, au service capital que la race sémitique a rendu au monde, à son œuvre propre, et, si l'on peut s'exprimer ainsi, à sa mission providentielle. Nous ne devons aux Sémites ni notre vie politique, ni notre art, ni notre poésie, ni notre philosophie, ni notre science. Que leur devons-nous? Nous leur devons la religion. Le monde entier, si l'on excepte l'Inde, la Chine, le Japon et les peuples tout à fait sauvages, a adopté les religions sémitiques. Le monde civilisé ne compte que des juifs, des chrétiens ou des musulmans. La race indo-européenne en particulier, si l'on excepte la famille brahmanique et les faibles restes des Parses, a passé tout entière aux religions sémitiques. Quelle a été la cause de ce phénomène étrange? Comment les peuples qui tiennent l'hégémonie du monde ont-ils abdiqué leur symbole pour adopter celui de leurs vaincus?

Le culte primitif de la race indo-européenne, Messieurs, était charmant et profond comme l'imagination de ces peuples eux-mêmes. C'était comme un écho de la nature, une sorte d'hymne naturaliste où l'idée d'une cause unique n'apparaît que par moments et avec beaucoup d'indécision. C'était une religion d'enfants, pleine de naïveté et de poésie, mais qui devait crouler dès que la réflexion deviendrait un peu exigeante. La Perse la première opéra sa réforme (celle à laquelle on rattache le nom de Zoroastre) sous des influences et à une époque que nous ignorons. La Grèce, au temps de Pisistrate, était déjà mécontente de sa religion et se tournait vers l'Orient. A l'époque romaine, le vieux culte païen était devenu tout à fait insuffisant. Il ne disait plus rien à l'imagination ; il disait très-peu de chose au sentiment moral. Les vieux mythes sur les forces de la nature s'étaient changés en anecdotes, parfois amusantes et fines, mais dénuées de toute valeur religieuse. C'est justement à cette époque que le monde civilisé se trouve face à face avec le culte juif. Fondé sur le dogme clair et simple de l'unité divine, écartant le naturalisme et le panthéisme par cette phrase merveilleuse de netteté : « Au commencement, Dieu créa le ciel et la terre, » possédant une loi, un livre, dépositaire d'enseignements moraux élevés et d'une haute poésie religieuse, le judaïsme avait une incontestable supériorité, et il était possible de prévoir dès lors qu'un jour le monde deviendrait juif, c'est-à-dire quitterait la vieille mythologie pour le monothéisme. Un mouvement extraordinaire, qui se passa à cette époque dans le sein du judaïsme lui-même, décida la victoire. A côté de ses grandes et incomparables parties, le judaïsme contenait le principe d'un formalisme étroit, d'un fanatisme exclusif et dédaigneux de l'étranger ; c'était l'esprit pharisien, qui est devenu plus tard l'esprit talmudique. Si le judaïsme n'eût été que le pharisaïsme, il n'aurait eu aucun avenir. Mais cette race portait en elle une activité religieuse vraiment extraordinaire. Comme toutes les grandes races, d'ailleurs, elle réunissait les contraires ; elle savait réagir contre elle-même et avoir au besoin les qualités les plus opposées à ses défauts. Au milieu de l'énorme fermentation où la nation juive se trouva plongée sous les derniers Asmonéens, l'événement moral le plus extraordinaire dont l'histoire ait gardé le souvenir se passa en Galilée. Un homme incomparable, si grand que, bien qu'ici tout doive être jugé au point de vue de la science positive, je ne voudrais pas contredire ceux qui, frappés du caractère exceptionnel de son œuvre, l'appellent Dieu, opéra une réforme du judaïsme, réforme si profonde, si individuelle, que ce fut à vrai dire une création de toutes pièces. Parvenu au plus haut degré religieux que jamais homme avant lui eût atteint, arrivé à s'envisager avec Dieu dans les rapports d'un fils avec son père, voué à son œuvre avec un total oubli de tout le reste et une abnégation qui n'a jamais été si hautement pratiquée, victime enfin de son idée et divinisé par la mort, Jésus fonda la religion éternelle de l'humanité, la religion de l'esprit, dégagée de tout sacerdoce, de tout culte, de toute observance, accessible à toutes les races, supérieure à toutes les castes, absolue en un mot : « Femme, le temps est venu où l'on n'adorera plus sur cette montagne ni à Jérusalem, mais où les vrais adorateurs adoreront en esprit et en vérité. » Le centre fécond où l'humanité devait pendant des siècles rapporter ses joies, ses espérances, ses consolations, ses motifs de bien faire, était constitué. La source de vertu la plus abondante que le contact sympathique d'une conscience sublime eût fait jaillir dans le cœur des autres hommes était ouverte. La haute pensée de Jésus, à peine comprise de ses disciples, souffrit bien des déchéances. Néanmoins le christianisme l'emporta tout d'abord, et l'emporta de l'infini sur les autres cultes alors existants. Ces cultes, qui ne prétendaient à aucune valeur absolue, qui n'avaient pas de forte organisation et ne répondaient à rien de moral, se défendirent faiblement. Quelques tentatives faites pour les réformer dans le sens des besoins nouveaux de l'humanité et pour y introduire un élément de sérieux et de moralité, la tentative de Julien, par exemple, échouèrent complétement. L'Empire, qui voyait non sans raison son principe menacé par la naissance d'un pouvoir nouveau, l'Église, résista d'abord énergiquement ; il finit par adopter le culte qu'il avait combattu. Tous les peuples grécisés et latinisés devinrent chrétiens ; les peuples germaniques et slaves se rallièrent un peu plus tard. Seules, dans la race indo-européenne, la Perse et l'Inde, grâce à leurs institutions religieuses très-fortes et intimement liées à la politique, conservèrent, fort altéré, il est vrai, le vieux culte de leurs ancêtres. La race brahmanique, surtout, rendit au monde un service scientifique de premier ordre, en conservant, avec un luxe de précaution minutieux et touchant, les plus vieux hymnes de ce culte, les Védas.

Mais après cette incomparable victoire, la fécondité religieuse de la race sémitique n'était pas épuisée. Le christianisme, absorbé par la civilisation grecque et latine, était devenu une chose occidentale ; l'Orient, son berceau, était justement le pays où il rencontrait le plus d'obstacles. L'Arabie en particulier, au septième siècle, ne pouvait se décider à se faire chrétienne. Flottant entre le judaïsme et le christianisme, les superstitions indigènes et les souvenirs du vieux culte patriarcal, choquée des éléments mythologiques que la race indo-européenne avait introduits dans le sein du christianisme, elle voulut revenir à la religion d'Abraham ; elle fonda l'islamisme. L'islamisme apparut à son tour avec une immense supériorité au milieu des religions abaissées de l'Asie. D'un souffle il renversa le parsisme, qui avait été assez fort pour triompher du christianisme sous les Sassanides, et le réduisit à l'état de petite secte. L'Inde, à son tour, vit, mais sans se convertir, l'unité divine proclamée victorieusement au milieu de son panthéon vieilli. L'islamisme, en un mot, conquit au monothéisme presque tous les païens que le christianisme n'avait pas encore convertis. Il achève sa mission, de nos jours, par la conquête de l'Afrique, qui se fait, à l'heure qu'il est, presque toute musulmane. A part des exceptions d'importance secondaire, le monde a été de la sorte conquis tout entier par l'apostolat monothéiste des Sémites.

Est-ce à dire que les peuples indo-européens, en adoptant le dogme sémitique, aient complétement abdiqué leur individualité ? Non certes. En adoptant la religion sémitique, nous l'avons profondément modifiée. Le christianisme, tel que la plupart l'entendent, est en réalité notre œuvre. Le christianisme primitif, consistant essentiellement dans la croyance apocalyptique d'un royaume de Dieu qui allait venir ; le christianisme tel qu'il était dans l'esprit d'un saint Jacques, d'un Papias, était fort différent de notre christianisme, chargé de métaphysique par les Pères grecs, et de scolastique par le moyen âge, réduit à un enseignement de morale et de charité par les progrès des temps modernes. La victoire du christianisme ne fut assurée que quand il brisa complétement son enveloppe juive, quand il redevint ce qu'il avait été dans la haute conscience de son fondateur, une création dégagée des entraves étroites de l'esprit sémitique. Cela est si vrai, que les juifs et les musulmans n'ont que de l'aversion pour cette religion, sœur de la leur, mais qui, entre les mains d'une autre race, s'est revêtue d'une poésie exquise, d'une délicieuse parure de légendes romantiques. Des âmes fines, sensibles et imaginatives comme l'auteur de *l'Imitation*, comme les mystiques du moyen âge, comme les saints en général, professaient une religion sortie, en réalité, du génie sémitique, mais transformée de fond en comble par le génie des peuples modernes, surtout des peuples celtes et germains. Cette profondeur de sentimentalité, cette morbidesse en quelque sorte de la religion d'un François d'Assise, d'un Fra Angelico, étaient justement l'opposé du génie sémitique, essentiellement sec et dur.

Quant à l'avenir, Messieurs, j'y vois de plus en plus le triomphe du génie indo-européen. Depuis le seizième siècle, un fait immense, jusque-là indécis, se manifeste avec une frappante énergie : c'est la victoire définitive de l'Europe, c'est l'accomplissement de ce vieux proverbe sémitique :

> Que Dieu dilate Japhet,
> Qu'il habite dans les tentes de Sem,
> Et que Chanaan (Cham?) soit son esclave.

Jusque-là le sémitisme était maître encore sur sa terre. L'Orient musulman battait l'Occident, avait de meilleures armées et une meilleure politique, lui envoyait des richesses, des connaissances, de la civilisation. Désormais les rôles sont changés. Le génie européen se développe avec une grandeur incomparable ; l'islamisme, au contraire, se décompose lentement ; de nos jours, il s'écroule avec fracas. A l'heure qu'il est, la condition essentielle pour que la civilisation européenne se répande, c'est la destruction de la chose sémitique par excellence, la destruction du pouvoir théocratique de l'islamisme, par conséquent la destruction de l'islamisme ; car l'islamisme ne peut exister que comme religion officielle ; quand on le réduira à l'état de religion libre et individuelle, il périra. L'islamisme n'est pas seulement une religion d'État, comme l'a été le catholicisme en France, sous Louis XIV, comme il l'est encore en Espagne ; c'est la religion excluant l'État ; c'est une organisation dont les États pontificaux seuls en Europe offraient le type. Là est la guerre éternelle, la guerre qui ne cessera que quand le dernier fils d'Ismaël sera mort de misère ou aura été relégué par la terreur au fond du désert. L'islam est la plus complète négation de l'Europe ; l'islam est le fanatisme, comme l'Espagne du temps de Philippe II et l'Italie du temps de Pie V l'ont à peine connu ; l'islam est le dédain de la science, la suppression de la société civile ; c'est l'épouvantable simplicité de l'esprit sémitique, rétrécissant le cerveau humain, le fermant à toute idée délicate, à tout sentiment fin, à toute recherche rationnelle, pour le mettre en face d'une éternelle tautologie : *Dieu est Dieu*.

L'avenir, Messieurs, est donc à l'Europe et à l'Europe seule. L'Europe conquerra le monde et y répandra sa religion, qui est le droit, la liberté, le respect des hommes, cette croyance qu'il y a quelque chose de divin au sein de l'humanité. Dans tous les ordres, le progrès pour les peuples indo-européens consistera à s'éloigner de plus en plus de l'esprit sémitique. Notre religion deviendra de moins en moins juive ; de plus en plus elle repoussera toute organisation politique appliquée aux choses de l'âme. Elle deviendra la religion du cœur, l'intime poésie de chacun. En morale, nous poursuivrons des délicatesses inconnues aux âpres natures de la Vieille Alliance ; nous deviendrons de plus en plus chrétiens. En politique, nous concilierons deux choses que les peuples sémitiques ont toujours ignorées : la liberté et la forte organisation de l'État. A la poésie nous demanderons une forme pour cet instinct de l'infini qui fait notre charme et notre tourment, notre noblesse en tout cas. A la philosophie, au lieu de l'absolu scolastique, nous demanderons des échappées sur le système général de l'univers. En tout, nous poursuivrons la nuance, la finesse au lieu du dogmatisme, le relatif au lieu de l'absolu. Voilà, suivant moi, l'avenir, si l'avenir est au progrès.

Arrivera-t-on à une vue plus certaine de la destinée de l'homme et de ses rapports avec l'infini ? Saurons-nous plus clairement la loi de l'origine des êtres, la nature de la conscience, ce qu'est la vie et la personnalité ? Le monde, sans revenir à la crédulité et tout en persistant dans sa voie de philosophie positive, retrouvera-t-il la joie, l'ardeur, l'espérance, les longues pensées ? Vaudra-t-il encore un jour la peine de vivre, et l'homme qui croit au devoir trouvera-t-il dans le devoir sa récompense ? Cette science, à laquelle nous consacrons notre vie, nous rendra-t-elle ce que nous lui sacrifions ? Je l'ignore. Ce qu'il y a de certain, c'est qu'en cherchant le vrai par la méthode scientifique, nous aurons fait notre devoir. Si la vérité est triste, nous aurons du moins la consolation de l'avoir trouvée selon les règles ; on pourra dire que nous aurions mérité de la trouver plus consolante ; nous nous rendrons ce témoignage que nous aurons été avec nous-même d'une sincérité absolue.

A vrai dire, je ne puis m'arrêter sur de telles pensées. L'histoire démontre cette vérité qu'il y a dans la nature humaine un instinct transcendant qui la pousse vers un but supérieur. Le développement de l'humanité n'est pas explicable, dans l'hypothèse où l'homme ne serait qu'un être à destinée finie, la vertu qu'un raffinement d'égoïsme, la religion qu'une chimère. Travaillons donc, Messieurs. Quoi qu'en dise l'auteur de l'*Ecclésiaste*, à un de ses moments de découragement, la science n'est pas « la pire occupation que Dieu ait donnée aux fils des hommes. » C'est la meilleure. Si tout est vanité, celui qui aura consacré sa vie au vrai ne sera pas plus dupé que les autres. Si le vrai et le bien sont quelque chose, et nous en avons l'assurance, c'est sans contredit celui qui les aura cherchés et aimés qui aura été le mieux inspiré.

Nous ne nous retrouverons plus, Messieurs; à partir de ma prochaine leçon, je vais m'enfoncer dans la philologie hébraïque, où la plupart d'entre vous ne me suivront pas. Mais que ceux qui sont jeunes et à qui je peux me permettre de donner un conseil, veuillent bien m'écouter. Le mouvement qui est en vous, et qui s'est trahi plus d'une fois dans le cours de cette leçon d'une façon si honorable pour moi, est louable en son principe et de bon augure ; mais ne le laissez pas dégénérer en agitation frivole. Tournez-vous vers les solides études ; croyez que la chose libérale par excellence c'est la culture de l'esprit, la noblesse du cœur, l'indépendance du jugement. Préparez à notre patrie des générations mûres pour tout ce qui fait la gloire et l'ornement de la vie. Gardez-vous des entraînements irréfléchis, et souvenez-vous qu'on ne conquiert la liberté que par le sérieux, le respect de soi-même et des autres, le dévouement à la chose publique et à l'œuvre spéciale que chacun de nous est chargé dans ce monde de fonder ou de continuer.

Paris, imp. de L. TINTERLIN, r. Neuve-des-Bons-Enfants, 3.

CHEZ LES MÊMES ÉDITEURS

ŒUVRES

D'ERNEST RENAN

Format in-8°

AVERROÈS ET L'AVERROÏSME, essai historique. — 2ᵉ édition, revue et corrigée. . . . . Un volume.

LE CANTIQUE DES CANTIQUES, traduit de l'hébreu, avec une étude sur le plan, l'âge et le caractère du poëme. — 2ᵉ édition. . . . . . . Un volume.

DE L'ORIGINE DU LANGAGE. — 3ᵉ édition. . . . . Un volume.

ESSAIS DE MORALE ET DE CRITIQUE. — M. de Sacy et l'École libérale. — M. Cousin. — M. Augustin Thierry. — M. de Lamennais. — Dom Luigi Tosti ou le parti guelfe dans l'Italie contemporaine. — Les Révolutions d'Italie. — L'histoire secrète de Procope. — Les séances de Hariri. — La Farce de Patelin. — Souvenirs d'un vieux professeur allemand. — L'Académie française. — La Poésie de l'exposition. — La poésie des races celtiques. — 2ᵉ édition. — Un vol.

ÉTUDES D'HISTOIRE RELIGIEUSE. — Les religions de l'antiquité. — L'Histoire du peuple d'Israël. — Les historiens critiques de Jésus. — Mahomet et les origines de l'islamisme. — La Vie des Saints. — L'Auteur de l'*Imitation de Jésus-Christ*. Jean Calvin. — Chaning et le mouvement unitaire aux États-Unis. — M. Feuerbach et la nouvelle École hégélienne. — La Tentation du Christ. — 5ᵉ édition. Un volume.

HISTOIRE GÉNÉRALE DES LANGUES SÉMITIQUES. — 2ᵉ édition, imprimerie impériale. . . . . Un volume.

LE LIVRE DE JOB, traduit de l'hébreu, avec une étude sur l'âge et le caractère du poëme. — 2ᵉ édition . . . . Un volume.

Paris, imp. de L. TINTERLIN, rue Nᵉ-des-Bons-Enfants, 3.

www.ingramcontent.com/pod-product-compliance
Lightning Source LLC
Chambersburg PA
CBHW060555050426
42451CB00011B/1923